Mijn tweetalige prentenboek

O meu livro ilustrado bilíngue

Sefa's mooiste kinderverhalen in één bundel

Ulrich Renz • Barbara Brinkmann:

Slaap lekker, kleine wolf · Dorme bem, lobinho

Voor kinderen vanaf 2 jaar en ouder

Cornelia Haas • Ulrich Renz:

Mijn allermooiste droom · O Meu Sonho Mais Bonito

Voor kinderen vanaf 2 jaar en ouder

Ulrich Renz • Marc Robitzky:

De wilde zwanen · Os Cisnes Selvagens

Een sprookje naar Hans Christian Andersen

Voor kinderen vanaf 5 jaar en ouder

Special thanks to Paul Bödeker, Freiburg, Germany

ISBN: 9783756304165

sefa

Lezen · Luisteren · Begrijpen

Slaap lekker, kleine wolf

Dorme bem, lobinho

Ulrich Renz / Barbara Brinkmann

Nederlands tweetalig Portugees

Vertaling:

Jonathan van den Berg (Nederlands)

Maria Rosa Kretschel (Portugees)

Luisterboek en video:

www.sefa-bilingual.com/bonus

Gratis toegang met het wachtwoord:

Nederlands: **LWNL2321**

Portugees: **LWPT2529**

Goedenacht, Tim! We zoeken morgen verder.

Voor nu slaap lekker!

Boa noite, Tim! Amanhã continuamos a procurar.

Dorme bem agora!

Buiten is het al donker.

Lá fora já está escuro.

Wat doet Tim daar?

O que é que o Tim está a fazer?

Hij gaat naar de speeltuin.

Wat zoekt hij daar?

Ele sai para o parque infantil.

O que é que ele procura lá?

De kleine wolf!

Zonder hem kan hij niet slapen.

O lobinho!

Sem ele, o Tim não consegue dormir.

Wie komt daar aan?

Quem é que está a chegar?

Marie! Ze zoekt haar bal.

A Marie! Ela está à procura da sua bola.

En wat zoekt Tobi?

E o que é que o Tobi procura?

Zijn graafmachine.

A sua escavadeira.

En wat zoekt Nala?

E a Nala, o que é que ela procura?

Haar pop.

A sua boneca.

Moeten de kinderen niet naar bed?

De kat is erg verwonderd.

Estas crianças não deviam ir já para a cama?

O gato está muito admirado.

chez Martin
7
vitrerie

Wie komt er nu aan?

E quem é que está a chegar agora?

De mama en papa van Tim!

Zonder hun Tim kunnen zij niet slapen.

A mamã e o papá do Tim!

Sem o seu Tim, eles não conseguem dormir.

En er komen nog meer! De papa van Marie.
De opa van Tobi. En de mama van Nala.

E aparecem ainda mais pessoas! O papá da Marie. O avô do Tobi. E a mamã da Nala.

Nu snel naar bed!

Agora depressinha para a cama!

Goedenacht, Tim!

Morgen hoeven we niet meer te zoeken.

Boa noite, Tim!

Amanhã já não precisamos de procurar.

Slaap lekker, kleine wolf!

Dorme bem, lobinho!

Cornelia Haas • Ulrich Renz

Mijn allermooiste droom

O Meu Sonho Mais Bonito

Vertaling:

Gino Morillo Morales (Nederlands)

Daniela Carneiro Lino (Portugees)

Luisterboek en video:

www.sefa-bilingual.com/bonus

Gratis toegang met het wachtwoord:

Nederlands: **BDNL2321**

Portugees: **BDPT2529**

sefa
+ audio
+ video
Mijn allermooiste droom
O Meu Sonho Mais Bonito
Cornelia Haas · Ulrich Renz
Nederlands
tweetalig
Portugees

Lulu kan niet slapen. Alle anderen zijn al aan het dromen – de haai, de olifant, de kleine muis, de draak, de kangoeroe, de ridder, de aap, de piloot. En het leeuwenwelpje. Zelfs de beer heeft moeite om zijn ogen open te houden ...

Hé beer, neem je me mee in je dromen?

Lulu não consegue adormecer. Todos os outros já estão a sonhar – o tubarão, o elefante, a ratinha, o dragão, o canguru, o cavaleiro, o macaco, o piloto. E o leãozinho. Até os olhos do urso estão quase a fechar…

Ei, ursinho, levas-me contigo para o teu sonho?

En zo bevindt Lulu zich in berendromenland. De beer is vissen aan het vangen in Meer Tagayumi. En Lulu vraagt zich af: wie woont daarboven in de bomen?

Wanneer de droom voorbij is, wil Lulu nog meer beleven. Kom mee, laten we de haai bezoeken! Wat zou hij nu dromen?

E assim, Lulu chegou à terra dos sonhos dos ursos. O urso está a apanhar peixe no lago Tagayumi. E Lulu pergunta-se: quem poderá viver lá em cima nas árvores?

Quando o sonho chega ao fim, Lulu quer viver outra aventura. Vem comigo, vamos visitar o tubarão! Com o que estará ele a sonhar?

De haai speelt tikkertje met de vissen. Eindelijk heeft ook hij vrienden! Niemand is bang voor zijn scherpe tanden.

Wanneer de droom voorbij is, wil Lulu nog meer beleven. Kom mee, laten we de olifant bezoeken! Wat zou hij nu dromen?

O tubarão joga às caçadinhas com os peixes. Finalmente tem amigos! Ninguém tem medo dos seus dentes afiados.
Quando o sonho chega ao fim, Lulu quer viver outra aventura. Vem comigo, vamos visitar o elefante! Com o que estará ele a sonhar?

De olifant is zo licht als een veertje en kan vliegen! Hij staat op het punt om te landen in de hemelse weide.
Wanneer de droom voorbij is, wil Lulu nog meer beleven. Kom mee, laten we de kleine muis bezoeken! Wat zou zij nu dromen?

O elefante é leve como uma pena e pode voar! Está prestes a aterrar no prado celestial.
Quando o sonho chega ao fim, Lulu quer viver outra aventura. Vem comigo, vamos visitar a ratinha! Com o que estará ela a sonhar?

De kleine muis is naar de kermis aan het kijken. De achtbaan vindt ze het leukste.

Wanneer de droom voorbij is, wil Lulu nog meer beleven. Kom mee, laten we de draak bezoeken! Wat zou hij nu dromen?

A ratinha dá uma volta pelo parque de diversões. A sua parte preferida é a montanha-russa.
Quando o sonho chega ao fim, Lulu quer viver outra aventura. Vem comigo, vamos visitar o dragão! Com o que estará ele a sonhar?

De draak heeft dorst van al het vuurspugen. Hij zou graag het hele limonademeer leegdrinken.

Wanneer de droom voorbij is, wil Lulu nog meer beleven. Kom mee, laten we de kangoeroe bezoeken! Wat zou zij nu dromen?

O dragão tem sede por ter cuspido fogo. Ele gostaria de beber o lago inteiro de limonada!
Quando o sonho chega ao fim, Lulu quer viver outra aventura. Vem comigo, vamos visitar o canguru! Com o que estará ele a sonhar?

De kangoeroe springt door de snoepfabriek en vult haar buidel. Nog meer gummibeertjes! En drop! En chocolade!
Wanneer de droom voorbij is, wil Lulu nog meer beleven. Kom mee, laten we de ridder bezoeken! Wat zou hij nu dromen?

O canguru salta pela fábrica de doces e enche a sua bolsa. Ainda mais rebuçados azuis! E mais chupa-chupas! E chocolate!
Quando o sonho chega ao fim, Lulu quer viver outra aventura. Vem comigo, vamos visitar o cavaleiro! Com o que estará ele a sonhar?

De ridder is bezig met een taartgevecht met de prinses van zijn dromen. Oeps! De slagroomtaart gaat ernaast!
Wanneer de droom voorbij is, wil Lulu nog meer beleven. Kom mee, laten we de aap bezoeken! Wat zou hij nu dromen?

O cavaleiro está a fazer uma batalha de bolos com a sua princesa de sonho. Ups! O bolo de chantilly falhou o alvo!
Quando o sonho chega ao fim, Lulu quer viver outra aventura. Vem comigo, vamos visitar o macaco! Com o que estará ele a sonhar?

Eindelijk is er sneeuw gevallen in Apenland. De hele groep apen is door het dolle heen. Het is een echte apenkooi.
Wanneer de droom voorbij is, wil Lulu nog meer beleven. Kom mee, laten we de piloot bezoeken! Wat zou hij nu dromen?

Finalmente nevou na Terra dos Macacos! Todo o bando está fora de si e a fazer macacadas.
Quando o sonho chega ao fim, Lulu quer viver outra aventura. Vem comigo, vamos visitar o piloto! Em que sonho terá aterrado?

De piloot vliegt verder en verder. Naar het einde van de wereld en nog verder, helemaal tot aan de sterren. Geen andere piloot heeft dat ooit gedaan. Wanneer de droom voorbij is, is iedereen al heel moe en willen ze niet meer zo veel beleven. Maar toch willen ze het leeuwenwelpje nog bezoeken. Wat zou zij nu dromen?

O piloto voa e voa. Até aos confins da terra e ainda mais além, até às estrelas. Nunca nenhum outro piloto o conseguiu.
Quando o sonho chega ao fim, já todos estão muito cansados e não querem viver mais aventuras. Mas continuam a querer visitar o leãozinho. Com o que estará ele a sonhar?

Het leeuwenwelpje heeft heimwee en wil terug naar haar warme, knusse bed.
Dat willen de anderen ook.

En daar begint ...

O leãozinho tem saudades de casa e quer voltar para a sua cama quentinha e aconchegante.
E os outros também.

E assim começa ...

... Lulu's allermooiste droom.

... o mais bonito sonho de Lulu.

Ulrich Renz • Marc Robitzky

De wilde zwanen

Os Cisnes Selvagens

Vertaling:

Christa Kleimaker (Nederlands)

Maria Rosa Kretschel (Portugees)

Luisterboek en video:

www.sefa-bilingual.com/bonus

Gratis toegang met het wachtwoord:

Nederlands: **WSNL2121**

Portugees: **WSPT2529**

sefa

Ulrich Renz · Marc Robitzky

De wilde zwanen

Os Cisnes Selvagens

Een sprookje naar

Hans Christian Andersen

Nederlands tweetalig Portugees

Er waren eens twaalf koningskinderen – elf broers en een grote zus, Elisa. Ze leefden gelukkig in een prachtig kasteel.

Era uma vez doze filhos de um rei–onze irmãos e uma irmã mais velha, chamada Elisa. Viviam felizes num maravilhoso palácio.

Op een dag stierf hun moeder en een poosje later trouwde de koning opnieuw. Maar de nieuwe vrouw was een boze heks. Ze toverde de elf prinsjes om in zwanen en stuurde ze naar een vreemd land heel ver weg, aan de andere kant van het grote bos.

Um dia, a mãe morreu e, pouco tempo depois, o pai decidiu voltar a casar. Mas a nova mulher era uma bruxa malvada. Ela transformou os onze príncipes em cisnes e expulsou-os para muito longe, para um país distante do outro lado da grande floresta.

Ze kleedde het meisje in vodden en smeerde haar een zalfje op het gezicht dat haar zo lelijk maakte dat zelfs haar eigen vader haar niet meer herkende en haar uit het kasteel verjaagde. Elisa rende het donkere bos in.

A madrasta vestiu à Elisa uma roupa esfarrapada e untou-lhe o rosto com uma horrível pomada, de tal maneira que o próprio pai não reconheceu a menina e expulsou-a do palácio. Elisa correu para o bosque sombrio.

Nu was ze helemaal alleen, en verlangde in het diepst van haar ziel naar haar verdwenen broers. Toen de avond viel maakte ze onder de bomen een bed van mos.

Estava agora completamente sozinha e com uma imensa saudade dos seus irmãos desaparecidos. Quando a noite caiu, ela deitou-se numa cama de musgo por baixo das árvores.

De volgende ochtend kwam ze bij een stille vijver en schrok ze toen ze daarin haar eigen spiegelbeeld zag. Maar nadat ze zich had gewassen, was ze het mooiste koningskind onder de zon.

Na manhã seguinte, ela chegou a um lago sereno e assustou-se quando viu o seu próprio rosto refletido na água. Mas, depois de se lavar, não havia no mundo uma princesa mais bela.

Na vele dagen bereikte Elisa de grote zee. Op de golven schommelden elf zwanenveren.

Passados muitos dias, Elisa chegou ao grande mar. Onze penas de cisne balançavam sobre as ondas.

Toen de zon onderging, ruisde er iets in de lucht en elf wilde zwanen landden op het water. Onmiddellijk herkende Elisa haar elf betoverde broers. Maar omdat ze de zwanentaal spraken, kon zij hen niet verstaan.

Quando o sol se pôs, ouviu-se um farfalhar de asas e onze cisnes selvagens pousaram na água. Elisa reconheceu logo os seus irmãos enfeitiçados. Mas, como estes falavam a língua dos cisnes, ela não os podia compreender.

Overdag vlogen de zwanen weg, maar ‘s nachts vlijden de broers en zus zich in een grot tegen elkaar aan.

In een nacht had Elisa een vreemde droom: Haar moeder vertelde haar hoe ze haar broers kon bevrijdden. Ze moest voor iedere zwaan een hemdje van brandnetels breien en het dan over hem heen werpen. Tot die tijd mocht ze geen woord spreken, want anders zouden de broers sterven.
Elisa ging gelijk aan het werk. Hoewel haar handen brandden als vuur, breide ze onvermoeid door.

Durante o dia, os cisnes voavam para longe e, à noite, os doze irmãos dormiam aconchegados uns aos outros dentro de uma gruta.

Uma noite, a Elisa teve um estranho sonho: a mãe contou-lhe o que ela podia fazer para libertar os irmãos do feitiço. Com urtigas, uma planta que queima e irrita a pele, ela devia tecer túnicas e atirar uma sobre cada um dos onze cisnes. Até estar pronta, ela não poderia dizer nem uma só palavra, pois a vida dos seus irmãos dependia do seu silêncio.
Elisa começou logo a trabalhar com afinco. Embora a pele das mãos ardesse como fogo, ela não parou de tecer.

Op een dag klonken er in de verte jachthoorns. Een prins met zijn gevolg kwam aangereden en stond al snel voor haar. Toen ze elkaar in de ogen keken, werden ze verliefd.

Um dia, soaram ao longe cornetas de caça. Um príncipe cavalgou até ela com o seu séquito de caçadores. Logo que pousaram os olhos um no outro, foi amor à primeira vista.

De prins tilde Elisa op zijn paard en reed met haar naar zijn kasteel.

O príncipe ajudou Elisa a montar no seu cavalo e cavalgou com ela para o seu palácio.

De machtige schatbewaarder was over de aankomst van het stomme meisje helemaal niet blij. Zijn eigen dochter zou de bruid van de prins moeten worden.

A chegada da bela rapariga silenciosa não agradou nada ao poderoso tesoureiro. Tinha planeado que a sua própria filha fosse a noiva do príncipe.

Elisa was haar broers niet vergeten. Iedere avond werkte ze verder aan de hemdjes. Op een nacht sloop ze naar het kerkhof om verse brandnetels te plukken. Daarbij had de schatbewaarder haar in het geheim gade geslagen.

A Elisa não tinha esquecido os seus irmãos. Todos os serões, continuava a tecer as túnicas. Uma noite, saiu para o cemitério para colher novas urtigas e foi observada, às escondidas, pelo tesoureiro.

Zodra de prins op jacht was, liet de schatbewaarder Elisa in de kerker gooien. Hij beweerde dat zij een heks was die ‘s nachts andere heksen ontmoette.

Assim que o príncipe partiu para uma expedição de caça, o tesoureiro mandou prender Elisa numa cela. Acusou-a de ser uma bruxa e de se encontrar com outras bruxas à noite.

Bij het aanbreken van de dag werd Elisa door de bewakers opgehaald. Ze zou op de markt worden verbrand.

De madrugada, os guardas foram buscá-la. Elisa iria ser queimada na praça.

Nauwelijks waren ze daar aangekomen toen plotseling elf witte zwanen aangevlogen kwamen. Snel gooide Elisa iedere zwaan een brandnetel-hemdje over. Al gauw stonden al haar broers als mensen voor haar. Alleen de kleinste, wiens hemdje nog niet helemaal klaar was, had nog een vleugel in plaats van een arm.

Logo que lá chegou, onze cisnes brancos voaram para junto dela. Elisa despachou-se a atirar as túnicas sobre os cisnes. De imediato, os seus irmãos recuperaram a sua figura humana. Só o mais novo, cuja túnica Elisa não tinha conseguido terminar, ficou com uma asa no lugar de um braço.

Het omhelzen en kussen van de broers en zus was nog niet afgelopen toen de prins terugkeerde. Eindelijk kon Elisa hem alles uitleggen. De prins liet de boze schatbewaarder in de kerker gooien. En daarna werd er zeven dagen lang bruiloft gevierd.

En ze leefden nog lang en gelukkig.

Os irmãos ainda se estavam a beijar e a abraçar quando o príncipe voltou. Elisa podia, finalmente, explicar-lhe tudo. O príncipe mandou prender o malvado tesoureiro. Depois disso, as celebrações do casamento duraram sete dias.

E viveram todos felizes para sempre.

Hans Christian Andersen

Hans Christian Andersen werd 1805 in de Deense stad Odense geboren en overleed in 1875 te Kopenhagen. Door de sprookjes zoals "De kleine zeemeermin", "De nieuwe kleren van de keizer" of "Het lelijke eendje" werd hij wereldberoemd. Dit sprookje, "De wilde zwanen", werd voor het eerst in 1838 gepubliceerd. Het werd sindsdien in meer dan honderd talen vertaald en in vele versies o.a. ook voor het theater, film en musical bewerkt.

Barbara Brinkmann werd geboren in 1969 in München (Duitsland). Ze studeerde architectuur in München en is momenteel werkzaam bij de faculteit Bouwkunde van de Technische Universiteit van München. Ze werkt ook als grafisch ontwerper, illustrator en auteur.

Cornelia Haas werd geboren in 1972 in Ichenhausen bij Augsburg (Duitsland). Ze studeerde design aan de Hogeschool van Münster, waar ze als ontwerpster afstudeerde. Sinds 2001 illustreert ze boeken voor kinderen en jongeren en sinds 2013 doceert ze acryl- en digitale schilderkunst aan de Hogeschool Münster.

Marc Robitzky, geboren in 1973, studeerde aan de technische kunstschool in Hamburg en de Academie voor Beeldende Kunsten in Frankfurt. Hij werkte als zelfstandig illustrator en communicatie designer in Aschaffenburg (Duitsland).

Ulrich Renz werd geboren in 1960 in Stuttgart (Duitsland). Hij studeerde Franse literatuur in Parijs en geneeskunde in Lübeck, waarna hij als directeur van een wetenschappelijke uitgeverij werkte. Vandaag de dag is Renz freelance auteur en schrijft hij naast non-fictie ook boeken voor kinderen en jongeren.

Hou je van tekenen?

Hier vindt je alle illustraties van het verhaal om in te kleuren:

www.sefa-bilingual.com/coloring

www.ingramcontent.com/pod-product-compliance
Lightning Source LLC
LaVergne TN
LVHW070442080526
838202LV00035B/2708
* 9 7 8 3 7 5 6 3 0 4 1 6 5 *